Mark Sarg

Der Papst als Nachttopf

Mark Sarg

Der Papst als Nachttopf

Bizarre Kurzgeschichten

Goldene Rakete Verlag für Belletristik

Imprint

Cover image: www.ingimage.com

Publisher:
Goldene Rakete Verlag für Belletristik
is a trademark of
International Book Market Service Ltd., member of OmniScriptum Publishing Group
17 Meldrum Street, Beau Bassin 71504, Mauritius

Printed at: see last page
ISBN: 978-620-2-44473-6

INHALTSVERZEICHNIS

DAS BAROCKE HINTERTEIL

Bei der Restaurierung einer Kirche legte man ein barockes Hinterteil frei. Da man wegen der besonders kunstvollen und gediegenen Ausarbeitung mit Sicherheit davon ausging, dass es zu einer verschollenen Heiligenfigur gehörte, sperrte man es in einen Schrein – der wegen des ihn umgebenden Geheimnisses bald zum Mittelpunkt geradezu kultischer Verehrung geworden war.

Hundert Jahre später, bei der Generalsanierung des Gotteshauses, fand man dann allerdings mit Betretenheit den Rest der Statue – die eine überaus „gelungene“ Teufelsdarstellung gewesen war.

Die braven Gläubigen hatten eben einmal mehr den Falschen angebetet. Und obendrein auch noch dessen Kehrseite ...

DER HIMMLISCHE KERL

„Was für ein **himmlischer** Kerl!“, seufzte unentwegt Madame Beatrice Krauthummel, während sie auf der Straße hinter einem anmutig einherschreitenden Jüngling ging.

Als dieser sich endlich umwandte, erstarrte sie vor Schreck und wurde ohnmächtig: es war der Teufel persönlich!

Überaus galant fing er sie auf – und nahm sie mit in sein „Himmelreich“.

DER PAPST ALS ROTTWEILER

„Eure Heiligkeit haben immer mehr mit deren charmanten Schoßhündchen gemein!“, ließ sich Kardinal Bartolomeo Häuslprinz in einem hitzigen Streitgespräch mit Papst Greifschweif dem Gewaltigen hinreißen – der sich eine ganze Schar christlich erzogener und daher besonders bissiger Rottweiler als Abschreckung gegen zu lange Audienzen hielt.

Nun, er bewies ihm auch wirklich gleich, was er von diesen gelernt hatte, indem er ihm unter höhnisch-bellendem Gelächter die Zähne zeigte – und nach der Inquisition rief …

DER UNERKLÄRLICHE ABGANG (1)

Als der berühmte Magier Diogenio Rüsselhirsch merkte, dass seine Zeit gekommen war, erhob er es zur strikten künstlerischen Pflicht, seinen Abgang wenigstens so effektvoll wie möglich zu arrangieren.

Nach seinem letzten Auftritt verließ er das Varieté durch einen Geheimgang, sodass seine besorgten Fans vergeblich warteten. Und eine bald darauf initiierte, groß angelegte Suchaktion blieb natürlich gleichfalls ohne Erfolg.

Hatte er doch an einem bis dato unentdeckten Ort bequem sein „Ende“ zelebriert – und freut sich noch heute **diebisch** darüber, dass sich die ganze Welt über sein unerklärliches Verschwinden den Kopf zerbrach …

DER UNERKLÄRLICHE ABGANG (2)

Sooft sich Sir Barnabas Wohlkraut in den letzten Tagen schlafen legte, wurde er von einer unerklärlichen gesteigerten Darmtätigkeit überrascht und geplagt, wiewohl sein Speiseplan nicht anders beschaffen war als sonst.

Als er in der dritten Nacht gar die rettende „Zuflucht" nicht mehr zeitgerecht erreichte und voller Verdruss anschließend das Betttuch wechselte – hatte er gottlob immerhin die Lösung:

Seine unbelehrbar-katholische Großtante Lady Mathilda Schleimgack hatte bei ihrem kürzlichen Besuche eine **Bibel** darunter versteckt – „auf dass seine Frömmigkeit endlich erblühe" …

DER PAPST ALS SUMPFBLÜTE

Nur aus dem Sumpfe der menschlichen Existenz konnte ein Amt wie das seine sich erst so richtig und prächtig zur Blüte entfalten. Davon war Papst Morastius der Erste kraft göttlicher Erleuchtung zeit seines Lebens voll überzeugt.

Er gilt daher – leider weithin unbekannt – als einzig Weiser seines Standes.

„DARF ICH SIE KASCHIEREN?“

„Darf ich Sie kaschieren, Monsieur?“, wandte sich formell Marquise Clotilde Flatterrüssel an ihren Gemahl, Fernand, der sie nun, nach dem Bezug des eleganten neuen Hauses, als einziges „Altmöbel“ höchst störend an die Vergangenheit gemahnte.

Zähneknirschend sah er ein, dass für ihn jetzt hier wirklich kein Platz mehr war, und fügte sich gottergeben in sein „Schicksal“.

Sie kaschierte ihn so gut, dass man ihn erst 300 Jahre später in einer Mauernische wiederfand.

„JUSTIEREN SIE MICH NICHT!“

„Justieren Sie mich nicht! Ich bin **nicht** interessiert.“, wies Sir Franklin Dampfrüssel jedermann die kalte Schulter, der ihm auf der Straße allzu eilfertig den offenen Hosenschlitz schließen wollte.

Nur all jene, die seine Aufmachung mit vollendetem Taktgefühl einfach ignorierten, forderte er dezidiert auf, ihm doch hilfreich beizustehen.

Und die wenigen aus dieser Gruppe, die auch wirklich dazu bereit waren, nahm er zur Belohnung mit nach Hause – wo sie ihre Hilfe dann wieder rückgängig machen durften ...

„JUSTIEREN SIE MICH!"

„Justieren Sie mich!“, begehrte energisch Hofrätin Infamia von Wolkensack von einem Schutzmann, der ja bekanntlich für das Allgemeinwohl zuständig ist.

Als er sogleich dienstbeflissen an ihrem schief sitzenden Kleide herumzuzupfen begann, gab sie ihm jedoch eine schallende Ohrfeige und erhob Beschwerde wegen „unsittlicher Dienstauffassung“ gegen ihn.

In Wahrheit hatte sie nämlich ihr Gebiss gemeint – welches sie ohne fremde Hilfe nach den Mahlzeiten nie zurechtzurücken vermochte.

„JUSTIEREN SIE SICH NICHT!“

„Justieren Sie sich nicht erst großartig, wenn Sie vor dem festlichen Ausgehen einen Toilettenfehler bei sich bemerken. Übergehen Sie ihn einfach mit Nachsicht, so als wäre alles in bester Ordnung. Die Leute werden Ihnen Ihre Schwäche großzügigst danken, weil dadurch ***sie*** in günstigerem Lichte erscheinen!“ Diesen Kernsatz aus der „Kleinen Fibel über den liebevollen Umgang mit sich selbst“ von Prof. Lydia Kloflieder ließ sich die Comtesse Herodia von Magenbitter so sehr angedeihen, dass sie ihn bald ein wenig übertrieb und allmählich immer nachlässiger wurde.

Als sie aber auf dem Höhepunkte dieser Entwicklung in Unterkleid und Lockenwicklern im Theater erschien, lohnte ihr dies das Publikum wirklich ganz außerordentlich: Es hielt sie für den Star des Abends und applaudierte so lange und enthusiastisch, dass man die eigentliche Aufführung absagen musste.

„JUSTIEREN SIE SICH!“

„Justieren Sie sich gefälligst!“, brüllte Generalmajor Ambrosius Flohhintern, als ihm Leutnant Ludovico Pfefferkopp mit geöffnetem Hosenlatz entgegentrat.

Der zog daraufhin die Hose **ganz** aus, fiel über ihn her – und wurde anschließend von ihm zur Beförderung und für den Hosenbandorden nominiert.

DER PAPST ALS NACHTTOPF

Nur als Nachttopf wäre er wohl endlich in der Lage, reinste und unübertroffene Demut zu demonstrieren, schloss Papst Bigottius XI., nachdem er lange und mühsam mit sich haderte.

Doch als er dann in dieser Eigenschaft bei diversen Bischöfen und Kardinälen – denn sich einen Rang tiefer zu begeben, wäre ihm **allzu** anbiederlich erschienen – untergeschlüpft war, musste er überaus frustriert erfahren, dass er durchweg ***un***benutzt blieb.

Aber nicht etwa, weil die Betreffenden die Heiligkeit ihres Nachttopfs irgendwie geahnt oder gar erkannt hätten – sondern weil sie allesamt viel lieber ins **Bett** machten!

DAS ARROGANTE GESCHÖPF

Ein arrogantes Geschöpf betrat eine Kirche ohne sich zu bekreuzigen, sah sich eine Weile arrogant um und verließ sie kopfschüttelnd wieder.

Der im Beichtstuhl lauernde Pfarrer, Monsignore Sebastiano Hinterloisl, hatte dies aufmerksamst beobachtet und eilte ihm neugierig nach auf die Straße, um es devot zu fragen, ob es nicht vielleicht doch **irgendetwas** zu beichten oder zu bereuen hätte. Das Geschöpf würdigte ihn keines Blickes und schritt nur arrogant weiter. Der Geistliche hingegen, dessen Jagdtrieb nun vollends erwacht war, verstieg sich in der Annahme, eine verlorene Seele vor sich zu haben, die es unter allen Umständen zu retten gälte, und folgte ihm so dicht auf den Fersen, dass er dabei in einen offenen Kanalschacht stürzte – den sein „Vorläufer" blitzschnell übersprungen hatte –, was um ein Haar sein physisches Ende bedeutete.

„Wie **kann** man bloß so arrogant sein, sich für unsterblich zu halten!", rief ihm das Geschöpf verächtlich nach, ehe es seinen Weg noch eine Nuance arroganter fortsetzte.

Der Pfarrer indes kroch, ganz kleinlaut und bescheiden, rasch zurück in seinen Beichtstuhl – und bat den Schöpfer inständig um Vergebung, falls er wirklich ***jemals*** arrogant gewesen sei.

DIE SELBSTHEIRAT

Der begnadete Dozent Rüdiger von Suppenkraut überlegte immer wieder lange und gründlich, ob er den entscheidenden Schritt fürs Leben, sich **selbst** zu ehelichen, auch wirklich wagen solle.

Als er dann endlich zu einer gereiften Entscheidung gelangt war – hatte er bereits das Zeitliche gesegnet.

Sodass man leider auf reine Mutmaßungen hierüber angewiesen ist …

DIE SELBSTENTHAUPTUNG

Von Lord Percy Blumengack wird allen Ernstes behauptet,
er habe sich ganz ohne fremde Hilfe **selbst** enthauptet.

Doch worauf gründet sich solch kühne Theorie?
Sein Antlitz trug einen Anflug von ***Selbst***ironie!

DER PAPST ALS KATZENKLO

Nur zu bereitwillig ließ sich Papst Chrysanthemius der Prächtige von Äbtissin Pulcinella Nasenhirn, passionierte Esoterikerin in den Mußestunden, in sein vorangegangenes Leben zurückführen. Denn er erhoffte sich begierigst Aufschluss, **wie** er zur Erhabenheit seiner gegenwärtigen Existenz gelangt sei.

Gleichwohl irritierte ihn die Antwort zunächst ganz gehörig: Diente er doch als trautes **Katzenklo** – just in jenem Kloster, in welchem er eben zu Besuche weilte!

Aber was ihm seine vierbeinigen Lehrmeister damals so trefflich vorführten, nämlich Anstand, Grazie und Würde sogar an einem „unheiligen" Ort, musste er in der Tat erst noch in sein aktuelles Amt integrieren. Und dazu tunlichst auch die übrige Christenheit animieren …

DER PAPST ALS HUNDEKLO

Da die Hunde Roms um jede für sie geschaffene sanitäre Einrichtung verächtlich einen weiten Bogen zogen, fühlte sich Papst Hirtenschädel III. in religiösem Übereifer bemüßigt, sich selbst als Hundeklo zu offerieren – damit auch diese treuen Gefährten endlich zu einem frommeren, gesitteteren Betragen fänden.

Und siehe da, er hatte sich nicht verrechnet. Überaus angeregt besuchten ihn die Tiere mehrmals täglich mit freundlichem Gebell und „überhäuften“ ihn großzügigst und reichlichst, sodass man von einem einzigartigen Erfolg des Heiligen Stuhls für die Reinhaltung der Stadt sprechen kann – der leider von den Nachfolgern offenbar nicht mehr angestrebt wurde ...

„ERSCHRECKEN SIE!“

„Erschrecken Sie doch endlich – oder regt sich bei Ihnen rein **gar** nichts mehr?!“ Kaum fassen konnte ihr nächtlicher Besucher die absolute Ignoranz seiner Erscheinung durch Mrs. Sheila Hüttenwurm. Denn diese glaubte partout an Geister nicht – und legte daher unbeirrt weiter ihre Patience.

Und als das Gespenst offenbar nicht verschwinden wollte, goss sie ihm zur Ermunterung einfach eine Kanne Tee über das Haupt.

Außer sich ob solch unerhörter Brüskierung suchte es nun schleunigst Zuflucht beim Papst. Denn dieser – stets auf der Lauer vor dem „Bösen“ – war natürlich nur zu gern bereit, selbst vor dem harmlosesten Spukbild noch ganz **teuflisch** zu erschrecken!

„ERSCHRECKEN SIE NICHT!“

„Erschrecken Sie bloß nicht, mein Bester, wenn Sie mich erblicken; bewahren Sie Ruhe und stolpern Sie nicht! Aber so etwas wie mich gibt es eben gottlob auf der Welt kein **zweites** Mal!“, kicherte eine seltsam penetrante Stimme Prof. Sixtus Wandermaus während eines Spazierganges ins Ohr.

Doch so sehr er sich auch mühte – er konnte weit und breit **niemanden** sehen. Selbst auf dem Heimweg in der Stadt nicht. Und dies erschreckte ihn nun ganz ***gewaltig*** …

„ERSCHRECKEN SIE MICH!“

„Erschrecken Sie mich!“, forderte auf der Straße Mrs. Edna Greenhorse den ihr gänzlich unbekannten Lord Gwincey Schleiersack mit Nachdruck auf. Hilfsbereit, wie er war, zog er daraufhin einige seiner „schlimmsten“ Grimassen, rief „bäh!“ und streckte ihr die belegte Zunge entgegen.

Da gab sie ihm eine schallende Ohrfeige, dankte ihm herzlich und verabschiedete sich. Nun ging es ihr bedeutend besser.

„ERSCHRECKEN SIE MICH NICHT!"

„Erschrecken Sie mich bitte nicht, Fräulein!", winselte aufgewühlt Hofrat Wilhelmius Schlappschlauch, als die Steuerfahnderin Rita Bauschbauch bei der Prüfung seiner Bücher immer ernster wurde.

Worauf sie von Mitleid überwältigt rasch ihr Kleid auszog und sich ihm zur Besänftigung auf den Schoß setzte.

Aber da traf ihn vor Schreck gleich ganz der Schlag.

DER PAPST ALS ZAHNSTOCHER

„Zahnstocher im Maule des Teufels! Wer sich dermaßen **kühn** erniedriget, kann nur der ungeahntesten **Höhen** teilhaftig werden, die überhaupt erreichbar sind!“ Dermaßen spekulativ und zugleich kühl berechnend fiel die Überlegung von Papst Hippopotamus dem Großen aus – der nur ***eines*** hierbei völlig außer Acht ließ, was ihn letztlich aber um die erwünschten Früchte brachte:

Was war an einem **Zahnstocher** – gleichviel in wessen Maule – niedrig, schlecht oder verwerflich?

DER PAPST ALS STRASSENKÖTER

Insgeheim sah sich Papst Russkuss der Charmante gern als durch die Straßen Roms wirbelnder Köter, der alle Passanten, die ihm aus irgendeinem Grunde nicht fromm oder christlich genug erschienen, wild ankläffte und ins Bein biss.

Da ihm dies im realen Leben denn doch ein wenig zu aufwändig und mühsam gewesen wäre, tröstete er sich eben in typisch katholischer Bescheidenheit mit dem **Scheiterhaufen** …

DIE HEILIGE FAMILIE

„Die bürgerlich-klassische, ‚*heilige*' Familie ist die wahre Keimzelle der Gewalt. Und würden mehr Kinder in alternativen Konstellationen aufgezogen, gäbe es bald auch schon weniger Kriege!" Diese scheinbar so kühne, im „Lakritzener Tagblatt" vertretene These des namhaften Ehetherapeuten Prof. Sylvano Rahmherz löste, wie kaum anders zu erwarten, heftigste **heilige** Kontroversen aus.

Doch ließ der Beweis nicht allzu lange auf sich warten. Sonntags darauf, gestärkt durch die Labung der heiligen Kommunion, **erschoss** der hochdekorierte Major und achtfache Vater Bernardo Krautstrumpf den Frevler – im Namen seiner ihm **heiligen** Familie!

DIE UNERKLÄRLICHE SITUATION

In einer unerklärlichen Situation befand sich Vicomte Armand Dorflümmel. Er lag auf dem Boden und wusste nicht warum.

Überaus tragisch nur, dass dies auch sonst niemand wusste ...

DER ERFREULICHE ANBLICK

„Welch erfreulicher Anblick!“, rief entzückt Lord Garleff Hirnquark, während er sich morgens eingehend von außen betrachtete und nun ganz sicher sein konnte, dass er endlich wirklich verblichen war.

Immerhin hatte er fast 90 Jahre lang auf diesen großen Augenblick gewartet!

DAS NUTZLOSE ALIBI

Erheblichen, ehrabschneidenden Verdächtigungen sah sich die gute Mrs. Blanche Schwarzbauch ausgesetzt, als ihre Nachbarin, Miss Freni Quarkrüssel, die sie vor jeder Menge Zeugen leider immer wieder mal zum Teufel wünschte, einem heimtückischen Morde zum Opfer gefallen war.

Und dabei hatte sie ein, wie man meinen sollte, perfektes Alibi. War sie doch zum fraglichen Zeitpunkt bereits selber tot.

Nur beweisen konnte sie es leider nicht. Und ihr Leichnam wurde auch bis heute nicht gefunden ...

DER PAPST ALS LUSTMOLCH

Als legendärer Lustmolch par excellence ging Papst Rotzmaus der Freche durch seine letzte Beichte in die Weltgeschichte ein:

Jahrzehntelang hatte er sich nachts in der heiligen Vorratskammer an den bereits **geweihten** Hostien vergangen!

DES REHES ABSCHIED

Ein von der Ehe und vom christlichen Glauben gleichermaßen zutiefst enttäuschtes Reh hatte genug von sich und der schnöden Welt, und brachte einen unschlüssigen Jäger dazu, ihm „Sterbehilfe“ zu gewähren, indem es ihm aufmunternd das Götzzitat zurief und demonstrativ sein Hinterteil entgegenstreckte.

Daraus aber nun eine ***generelle*** Rechtfertigung abzuleiten für die Jagd, wäre in der Tat von geradezu **schlüpfrig**-obszöner Verwerflichkeit!

ZWIESPÄLTIGE GEFÜHLE

Mit höchst zwiespältigen Gefühlen erwachte Monsignore Raffaele Fliederbart aus einem Alptraum.

Einerseits war er natürlich heilfroh, diesem entronnen zu sein – anderseits aber stellte er einmal mehr fest, dass er **immer** noch in einem Sarge lag ...

DAS GEHEIMNIS DER RELIGION

Ganz der Erkundung des so faszinierenden Geheimnisses der Religion hatte Prof. Louis-Joseph Papstgeburth sein Leben verschrieben. Am Ende gelangte er zur Gewissheit, es bestehe darin, dass jeder etwas **anderes** unter ihr verstehe und man sie sich beliebig – nicht zuletzt auch zu Alibizwecken – überstülpen könne.

Doch **weshalb** sich dieses so verhalte, führe ihn direkt zum Geheimnis des ***Menschen***. Und sich **dessen** anzunehmen, versprach er für sein **nächstes** Leben – welches daher allgemein schon mit unbändiger Spannung erwartet wird ...

DIE ALBERNE MÜCKE

Eine Mücke, die ihr Leben lang völlig glücklich und zufrieden gewesen war, setzte all dies in blindem Ehrgeize höchst leichtfertig aufs Spiel – und wurde in der nächsten Existenz Papst.

Wenn das nicht albern ist!

DER ENTARTETE MORD

Ein Mord war so entartet, dass er sich in sein potentielles Opfer erst verliebte, es dann verschonte – und ein anderes auserkor.

Und in dieses verliebte er sich ***nach***träglich – weil es ihm als Opfer „gedient“ hatte.

DER BLANKE HORROR

„Das ist ja der blanke Horror!“, rief Miss Isidora Steingfrast außer sich. In ihrem Bette lag jemand, der haargenau aussah wie sie.

Nun lässt zwar ihr Entsetzen leider keinerlei Rückschlüsse zu auf den es auslösenden Unbekannten – sehr wohl aber auf ihre Meinung über sich selbst ...

DER PÄPSTLICHE RÜBENSALAT

„Rübe ab!“, schien Papst Endivius dem Bitteren die einzige adäquate Antwort auf jede noch so geringe ketzerische Verfehlung. Und damit die Delinquenten ihrem Schicksal auch ganz sicher nicht entgingen, enthauptete er sie immer gleich eigenhändig.

Doch dies allein verschaffte ihm noch keine ausreichende religiöse Genugtuung. Mit Hingabe hackte er die abgeschlagenen Köpfe klein und verarbeitete sie unter Beimengung von Essig, Öl und erlesenen Gewürzen zu einem vollmundigen „Rübensalat“ – den er sich stets trefflich schmecken ließ.

Und jetzt erst, wo er das „Böse“ restlos vertilgt hatte, fühlte er sich rundum wohl, zufrieden und vor allem – **heilig**.

DER NACKTE WAHNSINN

Ein Wahnsinn ging prinzipiell nur splitterfasernackt unter die Leute. Er wusste einfach nie, welche Kleider er anlegen sollte, um möglichst „normal“ zu erscheinen.

Vielleicht war er ja gar nicht einmal ***so*** wahnsinnig ...

DER NACKTE MORD

Ein etwas zurückgebliebener Mord beging seine Untaten stets splitternackt.

Denn so hoffte er, dass ihm seine Opfer niemals ins **Antlitz** blicken und ihn folglich auch im Jenseits nicht wiedererkennen würden.

DER LEICHENSTARRSINN

Wer je den Altersstarrsinn mancher „Lebender“ beklagte, kennt nicht den Starrsinn mancher Leichen. Man mag ihnen zureden so viel man will, sie rücken nicht einen Millimeter von der Stelle, und mögen sie auch noch so unvorteilhaft im Sarge liegen. Sie stellen sich ganz einfach taub.

Doch gibt es ein probates Mittel, sie gehörig zu überlisten. Die verschmitzte Ankündigung: „Heute kommt euch jemand besuchen – wegen eurer Wiedergeburt!“ lässt sie in wilder Panik aus den Gräbern flüchten, weit über die Grenzen des Friedhofs hinaus …

DIE UNERTRÄGLICHE SITUATION

Sir Abraham Wackelmaus befand sich in einer schier unerträglichen Situation. Sein Kopf steckte unter dem Talar von Bischof Hieronymus Salzhintern und war vor lauter „hingebungsvoller Ehrfurcht“ wie gelähmt.

Schleunigst tat er das wohl einzig Richtige: Er erwachte aus seinem (Alp-) Traum und beschloss, künftig vor dem Einschlafen etwas weniger lang in der Bibel zu lesen.

DER UNARTIGE PAPST

Sooft Papst Nasenlümmel I. mitsamt Gefolge den Petersplatz überquerte, streckte er den Schaulustigen bloß weit die Zunge heraus statt sie zu segnen.

„Ist halt auch nur ein Mensch!“, entschuldigten ihn diese verständnisvoll – und liebten ihn ganz **besonders** deswegen.

DAS NETTE TEUFERL

„***So*** ein nettes Teuferl!“, rief Bischof Enzian Rotzhintern entzückt, während er mit besonderer Hingabe ein letztes Mal sein Spiegelbild betrachtete.

Um flugs darauf den Kirchturm hinanzueilen und sich hinabzustürzen. Damit er ohne weitere unnütze Wartezeit endlich heim zu seinem Chef gelangte.

DIE GOTTESLÄSTERUNG

Huldvoll fragte Papst Draculinius der Edle bei einer Audienz ein kleines Mädchen nach seinem Namen. Mit einem Hofknicks flüsterte es schüchtern: „Papst“ – denn es hieß wirklich so mit Nachnamen.

Da exkommunizierte er es an Ort und Stelle und sperrte es mitsamt den Eltern für den Rest des Lebens in die Krypta des Petersdoms.

Wegen Gotteslästerung.

Printed by Books on Demand GmbH, Norderstedt / Germany